POESÍA

LA SAL DE LOS SUEÑOS.

José Manuel García García (JOSMAN)

LA SAL DE LOS SUEÑOS.

José Manuel García García (JOSMAN)

Registro:

https://www.safecreative.org/work/1905150900394-la-sal-de-los-suenos-

INTRODUCCIÓN.

Esta sal de los sueños, solo pretende dejar escrito en breves destellos o romances, todo cuanto pasa por la imaginación de éste humilde autor.

No existe otro modo para describir los sentires, en ocasiones da la sensación de tener dos mundos donde vivir el hombre, el real y el onírico, solamente tiene un límite que tantas veces han querido explicar en relación con El Quijote: No derribar el muro imaginario que separa la realidad de la ficción, porque mezclarlo es la demencia.

Los sueños aunque se den despiertos, que son la ilusión de un acontecimiento venidero, son una forma de vivir, la humanidad sin los sueños de los científicos no hubiera avanzado nada, acaso **Isaac Peral** no completo el suyo tras imaginarlo antes **Julio Verne**, (siendo contemporáneos), todo lo que se imagina puede ocurrir, y mientras se imagina ocurre en la mente del ser, es decir, si se consigue materializarlo se ha vivido dos veces ese mismo hecho.

En otras ocasiones, se escribe lo que se ha vivido y se le da una forma aproximada y disfrazada para no desvelar una realidad del autor. Posiblemente **Cervantes**, vivió algunos capítulos del Quijote, para vestirlos con una hipérbole desmedida.

Puede darse la circunstancia que algún destello o breve poema, encierre la realidad de la sal de los sueños, pero eso queda a criterio de mis pocos lectores.

La sal con exceso es un mal para los hipertensos, como es un mal para el soñador que nunca puede convertir un deseo soñado, pero no debe ser obsesión, la sal de la vida, es la sal de los sueños, pero como dijo el poeta*:" Señor, dame la medida justa de las cosas"*

También incluyo algunos destellos de nutrición y el beneficio del saber alimentarse en una vida sana.

Esto es cuanto he querido escribir, en ese lenguaje sencillo, como hablan las gentes con las que convivo ¿para qué rizar lo liso? Las palabras no necesitan de meandros como el río, la palabra es recta, porque ni siquiera le marca su camino la naturaleza como a éste.

Leganés, Mayo de 2019

José Manuel García García (JOSMAN)

La sal de los sueños no es el cloruro de sodio,

es el sabor añadido que aparecen en mis sueños,

o quizás la realidad que se guarda en el cofre

más oculto del cerebro,

que sazona cuanto siente

y después da vida al verso.

***

Viví la vida en un sueño

como cualquier Segismundo,

cual drama de Calderón,

fui prisionero del mundo

desde la infancia más tierna

a la edad de hombre maduro,

y rebusqué en las cenizas,

y hallé sal en lo profundo

de un cerebro cansado,

y lo mío, lo hice suyo,

como el río se hace mar

y el fuego termina en humo.

También existe una sal demasiado amarga, que es la soledad de los solos, esa que es demasiado amarga.

Qué triste la soledad
y comprar la compañía,
en los grises hospitales
¿Dónde estarán las familias,
esperando las herencias
o rumiando la avaricia?
A veces me cansa el mundo,
su conciencia destruida,
o quizás nunca la tuvo,
a veces leo la Biblia
Será que Caín perdura
o es Dios el que dormita?

***

Hablar contigo es consuelo,

hablar contigo es amor.

Es la carroza de oro

ver de la rosa el candor,

ya sin ti no se vivir,

ni se escribirlo mejor.

***

LA SAL DE LOS SUEÑOS.

Es una metonimia de aquél sabor que me inspiró para escribir breves destellos,

pequeños romancillos que comprimidos expresan un sentir, una melodía de la cual su eco se traslada al papel o al teclado, para darles vida exterior.

En esa sal de los sueños,

que es la sal de la vida,

se envuelve en mis neuronas

no sé si en deidad o ninfa

que todo hombre que sueña

vive al tiempo su dicha,

la vivida ordinaria

y la que él imagina,

así prolonga sus noches

y en ocasiones sus días,

alimentando el amor

entre el tormento y la dicha.

***

Se escriben a veces versos simples, que perduran todo la existencia del poeta, sea aficionado o consagrado por la sociedad o sus críticos.

No debo amarte y te amo/ ni tú debes, y me amas/ somos como un Sol blanco/ y una Luna dorada/ tan separados los cuerpos/ y tan unidas las almas/ soy tan sólo la madera,/ tú cuerdas de la guitarra.../Tú le pones la armonía,/ hasta el silencio y sus pausa.

Los amores imposibles son eternos aunque te hiera el gran fuego de sus llamas, por una cosa simple, no se consumen, no se empachan de lo repetitivo y cotidiano.

***

De día estás ocupada

estresada en tu trabajo,

guarda un minuto en la noche

para este enamorado.

Con un minuto me basta

si soy pensado o soñado,

si estoy en tu recuerdo

con eso me siento amado.

Amantes en la noche

sentimiento silenciado,

ese que bajo la manta

sólo es venial pecado.

***

Dice el poeta a su amor:

Princesa sueña conmigo,

Y aunque resulte cansado

decirle siempre lo mismo,
al estár en su memoria
nunca existirá en el olvido.
Es el modo de decir:
¡ Soñar es estar conmigo!

***

Con esta sal de la vida
he alimentado mi alma,
entre realidad y sueños
tejí al fin una esperanza,
sal de vida, sal de amor
que describo con palabras,
no se hacerlo de otro modo,
aquí, el todo y la nada,
en la asonancia del verso
la metáfora resbala,
a veces cuando escribimos
va la verdad disfrazada.

***

.En la Sal de la Vida

dejo un último suspiro

siempre irá tu sabor

en mis adentros conmigo,

y en el eco de estos versos

de un ritmo repetitivo,

sal de vida, vida y sal

único cielo vivido.

***

Aunque a ti ya no te agrade,

anoche volví a soñar:

Tras cenar en tu mansión

nos fuimos a ver la mar

tenía una Luna llena,

daba gusto pasear,

y después, me desperté

creyendo que fue verdad.

¡Ya no tenemos carroza

ni aquel cómodo diván!

***

Me alimento de tus ojos

una vez cada diez días,

de tus manos el sosiego

de esa placidez que habita

en una cueva en que el sueño

nos envuelve en fantasías,

después llega inexorable

el hielo de despedida,

y como un ladrón en ella

te robo en una caricia

todo, que en ti no es nada,

y para mí es mi vida.

***

En el porche del Olimpo

le robé una caricia

y la luz del universo

bajó para darme vida.

Y me llamó descarado

la princesa de las ninfas,

llevó razón mi amada

que llamo mariposilla.

***

Cautivo de tus ojos quedó el poeta una noche
en qué Febrero sembraba la luz de una estrella errante.
Y desde entonces te busca en la penumbra
cuando el leve insomnio persiste en su estancia,
tus ojos iluminan su oscuridad
llevándole al sosiego necesario,
Después dormita imaginando tus abrazos.
Y en el calor de tus ojos se arrulla,
en ese remolino de su memoria,
que irrumpe la madrugada.
y te busca, y te llama,
con ese eco mudo que te llega
en la telepatía inexplicable,
donde un te quiero rezuma primavera
frente al Mayo permanente de tus ojos.

***

Y despedimos el año

bajo dos escalofríos,

y la carroza de oro

se nos cubrió de granizo,

No quería acariciarte

tan solo estar unidos,

como siempre hemos estado

tu conmigo, yo contigo.

Solo el calor de tus ojos

me dio ese eterno abrigo,

ese que no se escribir

!ay, quien supiera escribirlo!

a un paso de los vejez

contigo me vuelvo niño,

porque me abrigan tus brazos

porque me das el cariño,

que transciende a lo humano

que nunca se describirlo,

Tan solo hoy se escribir:

!que te amo, amor mío.!

***

Supe que es entrar en el cielo.

Aprendí a conjugar el verbo amar,

y construí una carroza de oro,

en ella aprendí el gozo de soñar

Ella me llama poeta,

yo la llamo Guiomar.

Y temo la madrugada

me da miedo despertar.

***

Preguntaba cada día

un poeta: ¿tú me quieres?

De noche todo era un sueño

y al amanecer por siempre,

le invadía ese miedo,

de perderla y de perderse.

por ello la preguntaba:

¿Por qué el agua se hace nieve?.

Sé que es preguntar al viento,

por qué nos sopla y se mueve,

sin embargo le sentimos

peinar nuestras blancas sienes.

***

Tú, me llamas tu poeta.

Yo, te llamo ángel de amor,

y ya han pasado siete años

que vas en mi corazón.

Aunque casi no nos vemos

aún conservo la ilusión.

¡Siempre te veo en mis sueños

porque en ellos somos dos

***

Siete años han pasado

acunando nuestro amor,

y aún vivo enamorado

dándole vida a la flor,

a quien llamo Guiomar

como si fuera Machado.

No la dejaré de amar,

nunca en mi será pasado

porque nunca he amado

con esta intensidad

que es sin duda, inmortal

***

El peligro de amar secretamente

tiene la angustia de un pronto final

el del hachazo cruel y vertical

que trastorna el alma en la mente.

***

Le preguntaba el poeta cada día

a su amada, por la llama del amor

y, “aún alumbra” ella le decía

el sol al tallo verde de la flor.

***

Cada alba le escribía un destello,

en el cuaderno azul lleno de vida,

peinando con sus dedos el cabello,

que en su cuello se riza en su caída

dulce, dorado, perfumado y bello,

que en mis ojos es la luz mas encendida.

***

Prudente, sin ser pesado,

hay que regar el amor,

amor vivido y soñado,

con delicado candor

con versos de enamorado

dedicados a una flor.

***

Quien pudiera ser la mar

de tu poema más bello,

ser un granito de sal

flotando en tus muslos tiernos,

olas que vienen y van
ir susurrando te quieros.
Y después, los dos en calma
ver que todo es verdadero.

***

Tienes un gran Mercedes.
Yo solo soy un seiscientos,
más nunca sabrás medir
cómo es mi sentimiento.

***

Tengo un árbol muy grande.
y tengo otro pequeño,
a los dos les doy la vida,
agua y sol, soy su sustento.
Dijo mi amada una noche
mirando sus sentimientos.

***

Tú, te mueves meciendo el viento,

yo, rimando unas palabras,

son dos quehaceres distintos

mas unidos por las almas

nos queda un poso de amor,

y eso nos sirve y nos basta.

en el fondo complementos:

Tú la mar y yo la barca,.

sin ti muero en una orilla

como un ave sin alas,

necesito estar en ti,

¿De qué vale un pez sin agua?

***

Si escuchando a Amy Jade Winehouse

lees uno de mis versos,

me haces sentirme en la gloria,

llegar a ti con el viento

porque es la mente quien viaja

si la mueve el sentimiento.

***

Aunque ya no pueda verte,

siempre vivirás conmigo,

yo soy la paja, tú el trigo,

no dejare de quererte.

Nos separara la vida,

o un viento huracanado,

y aunque herido en la caída

seguiré enamorado.

¿Por qué escribo un destello?

Porque así riego el amor,

como se riega la flor

con el rocío más bello.

natural condensación

que une mente y corazón

dándole a todo esplendor.

Solo el calor de tus ojos

me dio ese eterno abrigo,

ese que no se escribir,

!ay, quien supiera escribirlo!

a un paso de los vejez

contigo me vuelvo niño,

porque me abrigan tus brazos

porque me das el cariño,

que transciende a lo humano

que nunca se describirlo,

Tan solo hoy sé escribir:

!que te amo, amor mío.!

***

Vi cabalgar al viento

sobre una nube gris de invierno,

y se paró un instante

por dejarla flotante

y así encontrar los ojos negros.

¿Pero quién es la nube?

¿Pero quién es el viento?

Metonimia ¿qué ocultas?

¡Piensa para hallar lo cierto!

***

Siempre te pido soñar

sabiendo que tú no puedes,

porque no lo necesitas

como el río a los cipreses,

el río es de alamedas

que ven pasar su corriente.

Y en mi obsesión te lo pido,

En el querer que te quiere,

porque soy río de alma,

y tú fluyes en mi mente.

Mariposa en mis neuronas,

con alas de cascabeles...

***

Las noches frías de invierno

bajo la cálida manta,

busco hasta encontrar tus ojos

con su brillo de esperanza

y me aferró como un niño

a la acariciante almohada

pensando que eres tú,

hasta que el sueño me alcanza

y hasta en el sueño apareces,

y, sin venir ya te marchas

¡Que oscuro el amanecer,

luz nocturna de mi alma!

***

He aquí, los últimos versos,

a mi Lúa o Guiomar,

ya no quiero escribir,

ya no quiero pensar

sólo quiero con Darío

pasar mi vejez sin más,

ni la política absurda,

ni el clamor de lo social,

quiero huir de las palabras

de ese eterno dudar

básica filosofía

que es penetrar en el mar

donde todo naufragio

es sepulcro en un altar.

es la eterna sotana

de un cura sin voluntad.

***

Bajo este sol de Febrero

meditas en tu jardín,

quisiera estar a tu lado

solo por verte feliz.

Mariposilla encendida

piel de suave marfil,

que el sol borre tu pena

que a la vez se borra en mí.

***

Tiene un color oscuro

la tristeza en soledad,

pero tú le vuelves azul

cuando danzas, al bailar.

Y sales hacia la luz

porque eres manantial

que bañas con tu mirada

a cuanto puedes llegar,

destierra hoy la tristeza

que es hora de despertar.

***

Es el más bello sonido

porque sé que es sincero,

cuando llega a mi oído

tu espontáneo ¡Te quiero!

***

Tú tan sólo quieres verme

y amarme con la mirada,

yo seguiré soñando

con esas fuentes de nata,

con los labios de frambuesa

que me alimentan el alma,

me nutren el sentimiento

me envuelven con la esperanza

a veces pienso que vivo

por sólo por sentirte, amada.

Aunque a veces tú te ausentas

siempre vas en mi recuerdo,

nada amor puede arrancarte

de mi dulce pensamiento.

tan solo nacen por ti

la pasión de mis destellos.

***

MENTA Y AZÚCAR.

Como el viento cálido de verano,
en tu cuello, sabor de caramelo,
para después, cubrir con tu pañuelo
las huellas de mi boca y de mi mano.

Después te dejo mi soneto
en una servilleta de papel,
que rozan tus labios de pura miel,
y guardas no sé donde éste secreto.

***

El amor es un destello
que se escribe cada día,
y se revive en la noche
envuelto de fantasía,
cuando aparecen tus ojos
solo para darme vida.

***

Quien pudiera mi amor
ser poetas de tus sueños,
y habitar tu corazón
como el que vive en un templo

en la mayor ilusión

¡Mariposilla, mi amor!

***

Tienes un amor real

y otro que es sólo soñado,

el real matrimonial,

el otro es uno hallado

en la mente celestial

que llamamos inventado

sólo un granito de sal

de un manjar sazonado.

Se baila en el Carnaval

y entregados a la carne,

nos ponemos un disfraz

para lanzar a los aires

como un ahogo interior

que halla un consuelo un instante.

Después llega la Cuaresma

y ora el pueblo de viaje

hacia un mar en el que Dios

ve a Judas soltando lastre.

Y así pasamos la vida

de fiesta en fiesta rotantes

como hace el planeta tierra

que gira, sin contemplarse.

***

LA LARGA TRAVESIA POR EL DESIERTO.

Uno pierde la fe en los hombres, y en especial en aquellos que hacen política, han devaluado el servicio público, y parece que, más que servir al ciudadano se sirven de él. Hubo un tiempo que obviamente no conocí en que los políticos al menos sabían parlamentar y debatir, hoy la llamada soberanía parece un corral de gallinas donde se cacarea, no se escucha, sólo se dice cuanto tu electorado quiere que digas, no importa mentir ni calumniar, sólo se busca notoriedad, y el titular de prensa. En el siglo XIX había ejemplos como el de Castelar, según se desprende de sus discursos registrados en el libro de sesiones, e incluso en la época reciente de la llamada transición, donde el insulto se realizaba con elegancia, la retorica necesita de una base, y hoy parece que nuestros políticos carecen de ella, algunos presumen de títulos académicos, pero en su inmensa mayoría no han ejercido profesiones, y eso les convierte en solo profesionales del cargo público, como la vieja canción no saben vivir sin las lisonjas legales del despachito oficial.

Con esta clase política de arribistas en todos los partidos, nos espera una larga travesía por el desierto como dicen que tuvo el pueblo de Israel conducido por Moisés, salvo que las nuevas generaciones clamen ante la falta del maná.

Solo el despertar del pueblo colectivamente, podrá variar el rumbo, los que hoy manejan el timón o esperan hacerlo, en mi opinión, carecen de empatía, y quien no ve las necesidades de quienes representa, no le podrá entender. Tampoco lo entendían en el siglo XIX, pero al menos lo aparentaban.

***

Hay ocasiones en que, se empieza a escribir y no se sabe seguir, se bloquea la mente, y ese es el mayor fracaso poético, se puede escribir mejor o peor, pero no poder seguir es, como caminar y pararse al segundo paso.

Y se desnudó la Luna.
Se vistieron las estrellas.
Y no seguí escribiendo
la metáfora incierta,
Callejones sin salida
donde se pierde el poeta,
¿pero a quién le llamo Luna,

y quiénes son las estrellas?

Lo que crea el pensamiento

a veces nos desconcierta.

¡Que blanco es el papel

cuando no dice, ni cuenta!

***

Si me llamas corazón

y acabas con un te quiero

no tengo más ilusión

pues me llena por entero,

no hay mayor satisfacción

ni placer más verdadero,

que sentir esa pasión

de tu voz con un te quiero.

***

Se nos ha muerto Panero, inquilino hospitalario
con la mente batiendo el Universo.
Tan sólo pisé su sombra en un Egaleo-albertiano
cuando el gallo nos dejó aquel rayo imperecedero de la tarde.
Se ha marchado isleñamente manso, dando a la locura vacaciones,
buscando en el océano un endecasílabo en singladura permanente.
Su Madrid natal, hoy medita su ausencia y, pierde luz...

Y Leopoldo ya sin sangre leonesa, paternal, espesa,
escribe versos en el ala de un ángel centinela,
con su pluma del alma increbrantable.
DESCANSA EN PAZ, MAESTRO.

***

Que fácil hallar la rima
cuando esta acaba en io,
basta con abril la mente
y con ella los sentidos
añadirle tu nombre,
y escribir: cariño mío.

***

Te recuerdo cada hora
y a mi edad es algo raro,
la ilusión de sentir
de que estoy enamorado.

***

Tan sólo nos quedan sueños
en la penumbra de la media noche,
donde nos encontramos desnudos

con la mente imaginaria,

y un suspiro prolongado

nos hace navegar por los océanos

de un Olimpo que tenemos nuestro,

hasta que se consuman los siglos

de dos almas voladoras.

***

Cuando sueño navego por los mares de tu cuerpo,

y al despertar, soy una barca varada

que espera otra pleamar

que me lleve a ti de nuevo.

***

Si alguna vez te pierdes

o nerviosa no te encuentras

búscate en mi memoria

porque vas dentro de ella.

Vas en ella y en mis versos

por darte una paz eterna.

***

Te encontré en la bahía

y en el último sueño

tus labios fe frambuesa

me llevaron hasta el cielo.

Lo demás quedó en la mar,

que sumerge los secretos.

***

En la carroza de oro

caen tres gotas de rocío,

que bailan en la memoria

y dicen, cariño mío.

deambulan por mi memoria

las noches de invierno frio.

***

Mariposilla de Marzo

sobre la flor del almendro,

¿sacas como la abeja

el néctar o tan solo es vuelo?

por perderte en el abismo

de los campos sin cemento.

¿Qué instinto el que te mueve,

discretamente en silencio?

Te pareces a mi pluma

que se desliza entre versos,

sin saber si la sustancia

es de la flor o el cerebro.

***

Se posó la mariposa

en mi rosita otoñal,

en ese jardín del cielo

que siempre me hace soñar

con un vuelo cimbreante

que me llega a marear,

me marea, y me da vida.

Y después, cuando se va,

el jardín tiene un vacío

como un paisaje lunar.

***

Después de la Aloe Vera, batido.

Vitaminas, minerales

para ganar lo perdido

y poner freno a los males,

que el calcio en la mujer

obligado debe ser,

(no es expresión machista)

lo dice el especialista.

Por aquello de los huesos

en una edad determinada

lácteos, sin grasa quesos

en la medida adecuada.

***

AMPARO.

Qué huella honda María,

nos dejó tu tía Amparo,

estrella de la Fuentehonda.

Estanco del Mayorazgo,

Al dejarlo se apagaron

las luces de nuestro barrio,

su retiro nos dejó

más vacios que extrañados.

Descanso de fumadores

siempre atenta dialogando,

cuántas veces sin abuso

se convertía su estanco

en una breve tertulia

con Amparo y Fernando.

***

Bebí de todas las fuentes

de tu jardín floreciente

y todo en mi que era maduro

remitió a lo adolescente

como vuelve el sol de Octubre

casualmente de repente

a horas primaverales,

y después desaparece.

Jamás se calma mi sed

¡Ábreme todas las fuentes!

***

Si a las tres de la madrugada

estuve en tu pensamiento,

ya jamás preguntare

si estoy en tu sentimiento.

Cada noche estás en mí

en permanente recuerdo.

Gracias mi dulce amor

solo tú eres mi cielo,

porque me siento en la gloria

si veo tus ojos negros.

***

Sé que te doy poco amor

y sin embargo estás conmigo.

Somos la espiga y el trigo

el tallo y la bella flor,

cuatro labios en un beso.

Y cuando soy descarado

sin freno de enamorado

me culpo de ser travieso

y caer en el pecado,

de robarte un instante

en mi alma penetrante

que termina con un beso.

***

¿QUIÉN SABE SI HAY OTRO CIELO?

No hay más alta montaña

que los amores del alma.

Ni unos dedos más tiernos

que esos del sentimiento.

Ni verso más profundo

que el escrito con anhelo,

cuando es oscura la noche

en el sueño butarqueño,

aunque se invente el amor

y se desanden los tiempos.

¡Ay, soledad del poeta!

¿Quién sabe si hay otro cielo?

Sólo hay uno, y es mental

en un rincón del cerebro.

***

En la Peña Flamenca de Trabenco escucho un Fandanguillo de Huelva, y aunque gane las elecciones el PSOE, que no quiere decir gobernar, por acuerdos tras las elecciones, escribí un fandanguillo de Huelva pepinero.

El pueblo se hizo viento

y levantó al socialismo,

luego el pueblo, traicionado,

le derribó a los abismos.

por si vuelve hacer lo mismo.

***

El frio de la Cabrera

poco a poco todo hiela,

hasta la lánguida llama

de la más pequeña vela.

Esa sierra de León

tiene el cierzo de Aragón.

que envía la Cordillera.

Por eso desde el Butarque

un poeta recomienda:

Un chocolate en Astorga

o un paseo en La Bañeza,

que es Abríl muy traicionero

y engañosa primavera.

que su nieve llega al alma

cuando en ella se pasea,

!chocolatito de Astorga

quien te tomara y tuviera!

***

La nutrición, es una meta hacia la salud,

cuerpo y mente se complementan

en el viaje de la vida en busca de la excelencia.

***

ABUELO, PADRE Y NIÑO.

Mi generación que vio el nacer de esta democracia vacua, ha sido la generación perdida, y se perdió en un viaje a Benidorm, y en adquirir una parcela que le esclavizaba, es decir, fue y será una felicidad vacua, vivimos en tres edades en un mismo día.

Ya soy un abuelo viejo.

soy un padre compartido,

y jugando con mi nieto

también me convierto en niño.

Hoy vivo en las tres edades

y aunque rebose cariño,

pertenezco a este tiempo

de ser madeja y ovillo,

qué generación perdida

por encontrarnos perdimos.

***

Otra vez en la carroza

me perdí en tus ojos negros,

ya no quiero encontrarme,

ellos son el mismo cielo,

no existe más paraíso

ni siquiera en mis sueños,

porque sólo con su luz

alumbras el universo,

y no lo sabes mi amor,

porque no te ves en ellos.

***

Cuando se derrumba el ser

y se ahoga en sus adentros,

se alivia algún instante

del pensamiento saliendo.

Es difícil conseguirlo,

hay que entrenar al cerebro,

apartare esos demonios,

hay que soñar despiertos,

construir un paraíso

para vencer al infierno,

que la mente es poderosa

si a manejarla aprendemos.

Nunca escribí por curarla,

pero al darla un aire nuevo,

Se la saca del abismo

ascendiendo a lo concreto,

hay que descargar la pena,

dando vida al sentimiento,

porque soñar es sentir,

es vivir venciendo al tiempo,

aunque aquello que se sueña

no deje de ser un sueño.

***

Cuando yo me muera

viviré capsulado en mis versos,

y en ellos sentirás mi voz

hacer eco en tu memoria

y viviré en ti, como una huella interna

en el rincón más recóndito.

Y en tus noches de soledad

me abrazaras para darme vida

e invisible e intangible

estaré en ti nuevamente

alumbrado todas las noches

de tu existencia.

***

Un español es aquél que paga sus impuestos y cumple debidamente con su contribución a fortalecer al Estado. Hay quien lucen la bandera y según la justicia la saquea. "Dime de que presumes y te diré de lo que careces"

Un hombre no es su bandera,

es, su solidaridad,

es su grado de empatía

su bondad y humanidad.

Símbolo es la bandera

Pero ella no da pan,

ni nos cura, ni enseña,

ni da bienestar social,

ni llora, ni ríe, y canta,

se debe de respetar

pero solo es un emblema,

no sacadla a pasear.

Hay algunos que la lleva

por creerse que son más,

nadie es más español

por sacarla a pasear.

España ante su calvario.

España busca su Judas,

no hace más que rezar,

procesiona estos días,

el cielo quiere llorar,

y, espera como Cristo

con inquieta voluntad,

un domingo sin remedio

volver a resucitar.

Entre ese “Haz que pase”

o en el desván de Abascal.

Vivimos entre dos polos

de un calvario vertical.

¡Con la lanza en su costado

España no cambiará!

***

Ejercicio y alimento

como meta la salud

sin obsesionarse, atentos,

no hay eterna juventud

pero hay que vivir contentos.

Que es la luz de la vida

una adecuada comida.

***

i un poeta del pueblo
que no entendió Leganés
que siempre escucho al revés
al atender algo nuevo.
hoy lo dejo navegar
al equivocado puerto,
le dejo a su voluntad
con ese bastón de ciego.
que no tropiece en farolas
sea propicio su viento.

***

Del Butarque a Polvoranca
se mece un suspiro eterno.
que siempre cerró sus labios
y adormeció a sus gobiernos.

***

Sueño que paseamos
por el lago del arroyo,
que no hay paisaje mas bello
que junto a él ver tus ojos.
De ahí nacen mis destellos
los demás son letras solo.

***

En tus ojos me perdí
sabiendo que me encontraba,
me inspiras los destellos,
mi aliento y mi esperanza,
mi ilusión adolescente,
contigo me salen alas
y vuelo hasta el paraíso
cuando me abres tu ventana.
Cada noche, cada día,
te siento llegar y pasas,
penetrando en mis sueños
y al mirarte tú me abrazas.

***

Desde el Amor butarqueño,
hasta la sal de la vida,
en ficción o realidad
vivo un secreto en que anida,
oculto un cofre mental
donde el alma suspira,
y su aliento crea versos,

aderezando la rima,

y el lector que es agudo

ve si es verdad o mentira.

***

No olvidemos que el cerebro

carbohidratos necesita

como el resto del cuerpo,

minerales, vitaminas

cuanto lleva el batido

en la medida precisa,

y la mente que está él

se nutre en igual medida.

***

En mis piernas se posó

trémula una paloma,

en el calor de mis muslos

permaneció media hora,

mientras yo la acariciaba

ella se entregaba toda

como se entrega la playa

a ese vaivén de las olas,

y en el parque sosegados

escribi esta simple copla.

***

A veces nos levantamos queriendo besar al viento,

desencadenarse de todo, despiojarse de los viejos vicios.

desprenderse de la bufanda en este gris invernal de la mañana

en la que el café es una costumbre ya deshilachada

como el ribete de aquél mantel de madre, en aquella infancia

que se me esconde en la memoria tantas veces,

soy eso, un ribete de ganchillo amarillento.

Y sin embargo, asido al costumbrismo, el café y el cigarrillo

me silban en el pecho como un te quiero sin labios.

Se me escapa la pluma de la mano, como se me escapa un verso asonante,

La poesía, mi poesía, desciende como una neblina hacia la mesa

de un bar azul, y a veces me pregunto ¿por qué escribo?

Escribir, es tan sólo, pasar el plumero al alma polvorienta,

donde los ácaros bailan en la locura de algún sueño.

***

En" la sal de mis sueños"

escribo de nutrición,

en el libro de mis días

hay salud y corazón,

minerales, vitaminas,

algún poema de amor,

mientras que bebo mi té

y la grasa dice adiós.

***

Te hallo en mi soledad,

como en mi mente escondida,

te regreso o tú regresas

y paseamos por la senda

en que nos perdimos tantas veces,

senda de la selva recóndita

como si la ciudad le diera la espalda,

a ella, y a nuestro amor,

que en la arboleda se inclina

como dos sombras furtivas

que buscan un beso eterno.

***

Al despertar de los sueños

vuelve la melancolía,

el hombre que sólo sueña

vive sin saber dos vidas.

Quizás como dijo Lope

la real está cautiva

de esa otra imaginaria

la que ama y suspira.

La mente tiene un poder

que nos dirige y fascina,

después llega el despertar

con su verdad y su mentira.

Se sueña lo que se siente,

¿quién en dos mundos no habita?

Así viven los poetas

entre el gozo y la desdicha,

su mente crea otro mundo

una paralela vida.

Esa es la sal de los sueños

que en sus versos deja escrita.

***

Minerales del batido,

son por siempre indispensables,

no hay nada más formidable

para sentirse nutrido.

Y añadir la proteína

que es acción fundamentar.

en la masa muscular

que es la rosa y no la espina.

Como bien nos dice Aníbal,

bebed suficiente agua,

para hidratar bien el cuerpo

y arrastrar sustancias malas

ayudando a los riñones

a depurar y arrastrarlas

y una vez en la vejiga

es bien fácil expulsarlas.

***

Saberse nutrirse bien

en parte es una ciencia,

dar al cuerpo lo preciso

no la gula que es tendencia,

y es pecado capital

devorar con impaciencia,

todo es su justa medida

es la mejor advertencia.

***

No olvidar a la manzana,

reduce el colesterol,

y en parte, la diabetes,

la tomo a media mañana.

Ni olvidar tomar el sol

(Vitamina D, tan sana)

que a los huesos da vigor

y la andadura es liviana.

Y que decir de la pectina,

la fibra de la manzana.

***

¿Qué es la poesía,?

La sed de los sueños, también me sumerge en lo que es mi poesía social.

Ningún poeta consagrado diría esto, yo bajo a barro, porque a veces en el barro nace la poesía.

¿Que es la poesía? Son los fluidos de las ideas y pensamientos evacuados sobre un papel, como lo hacen el hígado y el páncreas en el intestino, los riñones hace una función similar con la sangre y el agua que acaba eliminada a través de la orina.

¿Qué pasaría si el pensamiento poético no se expulsara? Posiblemente se colapsaría la mente, no hay estudios sobre ello, a veces no se escribe para publicar, se hace por la necesidad, como ocurre con la sed, el agua no solo hidrata, arrastra impurezas del organismo, el poeta social arrastra lo tóxico de la vida social, lo escupe con la palabra escrita, lo evacua como hace el intestino con lo ingerido sobrante, el poeta no consigue cambiar nada, su única misión es intentarlo , y como dijo **Quevedo**, *"no hay placer que se pueda igualar al de crear y cagar."* Si existe la necesidad, añado yo.

***

EL SABER Y LA MADUREZ.

Ahora que posiblemente tengamos una página de un periódico nacional para exponer todo el tiempo vivido y el porvenir en una sección que se llamará **"Tricornio y Democracia"** Esta madurez de hoy, me traslada a un ayer en que, sin ser un intelectual, ni tener sabiduría, trabajé en el mundo de una idea, que tenía un solo fin, la desmilitarización de la Guardia Civil.

Hoy, mira uno atrás y sabe por qué a mí no se me apartó del servicio o incluso se me expulsó como a otros compañeros que sufrieron la cárcel por luchar por un derecho fundamental, años más tarde ganarían ese derecho en sentencia en los tribunales europeos.

Yo, luchaba en la soledad, luchaba con mis versos y mis coplas, reivindicando algo que se consiguió estos días pasados, la equiparación salarial con otros Cuerpos o Fuerzas de la Seguridad del Estado.

La página gris del libro de mi historia *"García, ¿por qué quiere que la Guardia Civil deje de ser militar?"* Mi general, ¿por qué quieren ustedes que seamos militares realizando un servicio civil? El general no respondió.

Sólo tuve sanciones leves y paternalistas, y hoy con el saber de la edad, que no sabiduría, veo la imagen en forma de metáfora.

Los mandos veían mi reivindicación diaria, y esto es lo que veían, un hombre sólo en medio del desierto de la benemérita cavar un pozo para encontrar el agua, ¿por qué no me castigaron más? No es que tuviera un ángel de la guarda protector, no, es que sabían que cavar sin insultar, ni revelar secretos que pudiera conocer profesionalmente, solamente hacía cavar con la palabra dicha y escrita que a modo de panfleto recorría todas las subdirecciones del Cuerpo. Era el Art.29 de la Constitución, el derecho repetitivo de petición individual, a modo de versos, y los Jefes lo sabían, sin compartirlo, lo entendían.

Y esa es la realidad que veo con el saber de hoy, ***"Dejadle escribir, dejadle cavar, nunca hallará el agua en este desierto"*** el agua era la desmilitarización, y la equiparación salarial, quitarnos el yugo del Código Penal Militar.

Sabían que estaba sólo en medio de aquél patio central aún existente en el Centro Directivo del Cuerpo, cavaba con mi pluma un pozo imposible, y los que tenían poder y capacidad para anularme lo sabían. "Dejadle escribir, dejadle cavar, ya se cansará" No me cansé jamás, el único fruto fue conseguir un Régimen Disciplinario específico para el Cuerpo, Y una ley orgánica de Derechos y Deberes, obviamente no salieron de mi pozo, pero sí del sentido común y de la incipiente democracia.

Ahora, se nos invita a escribir, de ese ayer, de éste hoy, y de un mañana.
Tricornio y democracia. Cuando con la edad la placidez te da un corpúsculo del saber, en esta madurez que faltando el vigor de la juventud, se reflexiona de modo diferente. Sin cavar pozos, sin necesidad de agua, en este histórico páramo de España.

***

DÍA DE LA MUJER.

Hoy se celebra el día de la mujer, pero hay una reflexión que ellas hacen cada día, hace 42 años que tenemos elecciones libres y 40 años con una Constitución que en su Art. 14, habla de la igualdad y la no discriminación. Tiempo ha habido de legislar y desarrollar la igualdad efectiva.

Es difícil desterrar el machismo de los hogares y de la familia, pero es fácil hacerlo en la vida social y laboral especialmente.

Por ello, cada año escribo de la hipocresía de los altos poderes públicos, no me refiero a cargos municipales ni autonómicos, me refiero a gobiernos con posibilidad de legislar y por ende aplicar con contundencia el cumplimiento de la igualdad.

Ésta democracia, no ha dado una respuesta a lo que nos anuncia la TV. sobre las jornaleras de Huelva en la recogida de la fresa, por poner sólo un ejemplo.

Tras el machismo en el ámbito familiar, le sigue el laboral, y en ese si puede intervenir más fácilmente.

Animar a las mujeres, en este día y en todos los del año a reivindicar sus derechos, su respeto y su igualdad social y laboral.

El machismo en los hogares, es más problemático, pero ahí iremos aprendiendo los hombres, si en el entorno social prende la semilla del fruto de la igualdad.

***

EL MUNDO PARALELO.

Cuando de niño tenía que evadirme del genio de mi madre, aprendí lo que era como un viaje astral de la mente hacia otro estadio más agradable.

Después, tuve un amor imposible de materializar, todo amor imposible, produce un tormento, e inventé un mundo de sueños donde huir de la impotencia, y cree en mi mente un universo paralelo para estar con ella, es decir, amé en sueños, de ahí nació toda mi poesía, mi teatro y los destellos. No me hicieron poeta mis conocimientos, me hizo la imaginación que se evade a un mundo diferente para escribir del mundo real.

Decía un viejo sabio: *"Si medio mundo se hunde, no lo dudes, escapa al otro medio"*

En la sal de mis sueños, busco en el anaquel o las neuronas cerebrales de donde surge, siendo solo un aprendiz, coincido con esta cita, el poeta rescata de un recóndito lugar y tras rumiar cada verso lo saca de ese encierro.¡Que triste es no saber explicarlo mejor!.

"Un poeta es un mundo encerrado en un hombre". (Victor Hugo)

***

LA VIDA COTIDIANA Y LA CREATIVA..

Aunque otros autores no admitan mi tesis de cómo los que escribimos mal o bien, sufrimos una transfiguración mental al hacerlo, por decirlo más vulgar, una cosa es el hombre o mujer en sus actividades profesionales y sociales y otra cuando escribe.

Posiblemente y pongo un ejemplo, Unamuno era catedrático unas horas y otras era el creador de Niebla, el hombre que escribía y creaba a Liduvina, personaje en tres novelas, cómo podría aislar su mente de lo externo con demasiados hijos a su alrededor, cómo tener un universo paralelo en su cerebro, a mí como aficionado me ocurre eso, durante una hora dejo de ser el pensionista José Manuel García García, para ponerme el hábito poético mental y ser Josman.

He amado con la imaginación, he luchado, he sufrido y he gozado, todo cuanto pasa por la mente te da placidez o tormento, combinando 27 letras para expresar un sentir, parece una locura, no lo es, Cervantes recaudaba impuestos, despúés escribía el Quijote, y nada más distante que recaudar y dar vida a una Dulcinea imaginaria, qué enigma eso que parece una doble personalidad en un rincón de la mente, diferenciar lo real con lo imaginario, sin derribar el muro de la locura, podrá pensarlo mi mujer, soy distinto cuando como lentejas que cuando en la misma mesa escribo, porque de un modo u otro parece que estoy ausente, fuera de la casa, estoy donde me lleva el verso a una ribera del Butarque o a los brazos ficticios de una Dulcinea que ni existe en el propio Quijote. Al menos Galdós, entre café tertuliano y amores indiscretos con la Bazán, se aislaba para dar vida a Marianela.

¿Dónde está el magín?, me duele la misma cabeza de buscarlo.

***

La naturaleza marca un tiempo de vida para las flores, entre ellas las rosas, pero que triste es cuando el jardinero las abandona, y les hurta el sol y el agua.

Josman.

***

Decía Antonio Machado:

"Bueno es saber que los vasos

nos sirven para beber;

lo malo es que no sabemos

para qué sirve la sed."

Siempre interpreté que el maestro se refería a la sed por el conocimiento, que sin duda, es el que crea después el pensamiento.

Existe otra forma de crear el pensamiento libre, no solamente en los estudios académicos, dicen que fue Sócrates quien decía a quienes le escuchaban, que pensaran en el por qué de las cosas y las circunstancias, porque al hacerlo en ocasiones encontramos la respuesta.

El librepensador no debe estar sometido a un dogma religioso, ni a un ideario político-partidista, ni siquiera de las modas e inclinaciones sociales, aunque estas sean mayoritarias, puede equivocarse, pero sin ser sabio, emplea todo su razonamiento, que es el producto de sus reflexiones.

Solamente es frágil a la atracción del amor, que es la mayor esclavitud voluntaria de los seres.

***

SOLEDAD.

Soledad hospitalaria,

qué dolor más brutal,

teniendo tanta familia

una persona incapaz

de saber cómo se llama

ni siquiera el hospital.

No creo ya en las familias,

dudo de la humanidad,

y escribo este romancillo

por quererme desahogar

Como el maestro Machado,

mucho antes de mi edad:

“Señor me cansa la vida”

y ya me cuesta pensar.

Soledad de soledades

soledad de soledad,

quien no hace mal en el mundo

hoy le veo naufragar.

Cada uno va o suyo

y afanando que es su afán.

Y a mi que no soy bueno

me duele el alma, y total,

tan sólo puedo escribir,

porque escribir es llorar.

¡Señor protege a los pobres,

a los pobres de verdad,

aunque desciendas de nuevo

y vuelvas a ser mortal,

que la cruz la tienen otros,

y están sufriendo de más!

04-05-2019

***

¿Qué mundo es el que salvaste?

Con la mísera pensión
de la orfandad de sus padres,
se paga en el hospital
el tener acompañantes.
Teniendo tanta familia
es pobre río sin cauce
sequía sin empatía,
hay hermanos animales
¿qué seres fabrica el mundo
que sin alma son andantes?

Tan sólo el Estado alivia
las heridas más sangrantes,
sólo una pobre hermana
se ocupa de sus pesares.
¿pero dónde están los otros?
pregunta el poeta errante,
mientras que Dios le decía:
"escribe por desahogarte"
Después arroje la pluma
donde no la vea nadie,
y maldije ser poeta,

y escribir tanto romance,
quisiera ser como otros
que se llaman familiares,
y en vez de sentir dolor
se entretienen en el baile,
y siendo tantos por tanto
sin conciencia, ni pesares,
solo esperan una herencia
sin decir, ¡ni Dios te ampare!
¡El dinero en este mundo
es el que causa más males!
A ti Jesús en la cruz

te dieron sal y vinagre,

hasta Pedro te negó,

¿qué mundo es el que salvaste?

***

Mayo que es la antesala

de tres meses de verano

es la explosión de colores,

tiene ese aroma de flores

y un leve viento que exhala

el amanecer temprano

sobre los altos alcores

donde cantan ruiseñores

de mi ayer , hoy tan lejano.

Mayo, Mayo, Mayo, Mayo…

***

LA HERENCIA DE LOS ELFOS.

Hace tiempo que existía
un abuelo de Castilla
que tenía once Elfos
a los cuales daba harina
cinco mil kilos de polvo
de esa harina de propinas
Cinco mil a cada uno
que era una alta cuantía,
de la peseta de entonces
que hoy parece calderilla.

Y cuando éste murió,
que no es eterna la vida,
entre tierras y viñedos,
dejó una adulta que es niña,
como se dejan las deudas,
no es riqueza la desdicha,

porque el dolor no se hereda,
todos huyen de la misma,
pero no de su haber
que reluce en las cartillas.

Y de esos once elfos
No había ni una visita,
¡Siempre queremos la flor,
nadie entiende que halla espinas,
esas son para el Estado
que es al fin el que se pincha!
Nadie recorrió el camino
cuando ya no había harina,
Y los elfos se olvidaron,
también los hijos e hijas
del racimo más pequeño
que colgaba de la viña,
que pagaba de su paga
larga o corta compañía.

Y los elfos le llamaban,
¡"el abuelo"! repetían,
Aquél que de su dinero
repartió sacos de harina,

también les dejaba a un ser
que nadie al fín lo quería.

Que torpes que son los torpes
me hacen llorar sus risas,
que negras son las conciencias
y que escasa la empatía.
La universidad no enseña
que es la filantropía,
¿matemáticas? quizás,
¡qué pena me da la vida!

www.ingramcontent.com/pod-product-compliance
Ingram Content Group UK Ltd.
Pitfield, Milton Keynes, MK11 3LW, UK
UKHW020234250726
13967UKWH00001B/362

9 780244 488543